RECEUIL DE POESIE

Par Mlle.

DE S.^T PH * * * *

avec les Airs noté à la fin.

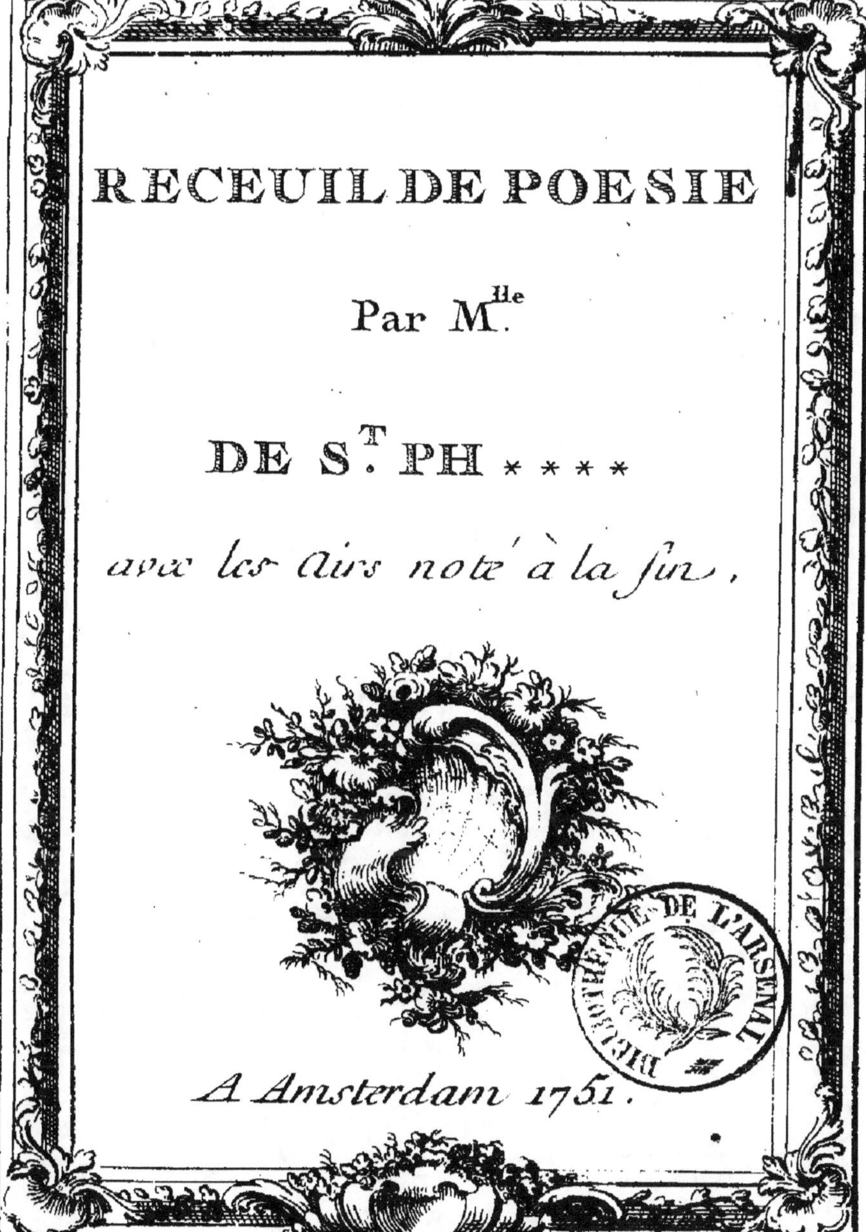

A Amsterdam 1751.

AU LECTEUR.

JE demande grace pour ce Recueil.
Les différentes Pieces dont il est rempli, n'ont d'autre mérite que les noms
respectables des personnes à qui je les
ai présentées. En me rendant justice
à moi-même, elles n'auroient jamais
été imprimées, sans des raisons im-
portantes, & qui ne me permettent
pas de m'en dispenser. Les personnes
qui m'honorent de leur protection,
n'ignorent pas mes motifs ; elles m'ont
même fait une nécessité d'insérer au
titre de chacune de ces Piéces, la
date du jour, & celle de l'année que
je les ai composées. Mon âge & mon
sexe me font espérer d'ailleurs l'indul-
gence du Public.

Que vos conseils me servent d'Apollon ;
Guidez mes pas, jusqu'au sacré Vallon,

A

Si quelquefois ma Muſe
A mes vœux ſe refuſe,
L'eſpoir d'un doux ſuffrage, eſt fait pour l'a-
nimer,
En l'inſpirant, daignez donc la former!

RECUEIL
DE PIECES FUGITIVES.

BOUQUET

POUR MONSIEUR D * * *

En 1746.

Malgré le Dieu de l'Hélicon
Je suis le beau feu qui m'inspire ;
Et bravant le sacré Vallon
Je vais faire entendre ma lyre.
Je chante & déja les échos,
Repetent le nom de Sylvandre.
Grand Dieu ! qu'on révere à Paphos ;
Toi ! qui des Dieux est le plus tendre,
A m'aider tout doit t'engager ,
Quand je célebre mon Berger,
C'est ton esprit que je veux prendre.

A ij

COUPLETS

*Pour Monsieur D***C****

En 1747.

Air. *De tous les Capucins du monde.*

RIVAL de l'Orateur d'Athène
Vous parlez comme Démosthêne,
Mais vous éclairez les esprits,
Sans vouloir jamais les séduire.
Du vrai vous connoissez le prix,
Votre éloquence ne peut nuire.

Tout le Parnasse m'autorise
Aujourd'hui dans mon entreprise
Votre goût vous faits des amis
Sur cette agréable colline.
Soyez-y près d'Ovide admis,
Couronné des mains de Corinne.

COUPLETS
En 1747.

I.

NE puis-je dans ce jour
Suivre une douce pente,
Et remplir ton attente
En peignant mon amour ?
Si l'on voit par ſes chants,
Petrarque enflammer Laure,
Sapho l'emporte encore,
Ses vers ſont plus touchans.

II.

Des tranſports amoureux
Les traits ſont plus rapides
Que tout l art des Ovides
Qui ralentit leurs feux.
L'eſprit eſt un tourment
Que l'excès d'amour brave;
Le talent rampe eſclave,
Où régne un ſentiment.

A iij

I I I.

Muſe fuis loin de moi ;
Accours Dieu d'Amathonte.
Sur le Pinde où je monte ,
Je plairai ſous ta loi.
Peux-tu mieux m'animer
A chanter ce que j'aime ,
Que quand mon trouble même ,
M'apprend à m'exprimer.

---

*REPONSE à des Vers que m'envoya
M. D*** pour s'excuſer d'avoir pris un
Portrait chez moi pendant que j'étois ab-
ſente.*

En 1748.

Vous êtes un franc goguenard.
Ne faut-il pas que j'applaudiſſe
A votre tour de vrai renard ?
Pour que mon courroux ſe guériſſe
Il faut que ſans plus de retard
On joigne l'Acteur à l'Actrice ;

Non pas pour orner frontifpice,
Ni de mon gîte effacer l'art,
Mais pour prévenir un fupplice.....
Car je vous le dirai fans fard,
Je ferois pis qu'un Léopard
Pour vous & pour votre complice.

RÉPONSE A UN BOUQUET
EN PROSE.

L'Auteur s'excufoit de ce qu'il n'étoit pas en Vers.

En 1748.

SONNET.

NE crois pas cher Licas, avoir moins de
    puiffance,
Si négligeant des Vers, l'art trop capricieux ;
Tu veux avoir recours, au plus charmans des
    Dieux,
Qui t'offre en ma faveur, fa naïve éloquence.

L'indocile Apollon, peut garder le filence,
Si près de moi ton cœur s'explique par tes yeux.

A iiij

Quoi ! des Vers ampoulés me séduiroient-ils
　　mieux ?
L'amour simple & sans fard, obtient la préférence.

Quand ce Dieu vient fermer , deux bouches
　　qu'il unit,
Ce langage muet, sans doute leur suffit ;
C'est joüir d'un bonheur, qu'augmente le myf-
tére.

Etre heureux sans éclat , est le bien le plus
　　doux,
Et de tous les Bouquets que le pourrois me
　　faire,
Du seul don de ton cœur, le mien seroit jaloux.

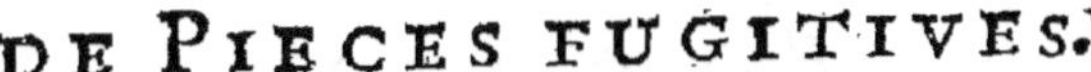

*A M. D*** C*** Officier de Marine,*
& Chevalier de S. Louis. En réponse à
des Vers de la même mesure.

En 1748.

CHEVALIER
Qui doit faire
Oublier
Toute affaire,
Saint Phalier
N'ose guere
Essayer
De payer
Le salaire
D'un Guerrier
Marinier
Au Collier
Militaire.
Le Courrier
Téméraire,
Qui sur fier
Dromadaire,

Sçait frayer
Un sentier
Non vulgaire ;
Peut envier
Le métier
D'un Homére,
S'effrayer
C'est renier
Le laurier
De Voltaire.
Si Scaron
Sur son aze
Long-tems jase
Paraphrase
Sur Maron,
Que ton nom
Coule à fond
Ce bouffon.
Je t'apprête
Vermisseaux
Pas trop beaux
Pour Poëte
Qui dans Sceaux
Interprète

Cieux nouveaux
Et Planete.
Fait rondeaux
Madrigaux ,
Ou mufette ,
Pour tombeaux
De Barbette.

A l'occafion de la Paix.

En 1748.

FRANÇOIS vous connoiffez le prix
Du nouveau jour qui nous éclaire.
LOUIS dépofe fon tonnerre,
Ramene les jeux & les ris ,
Sur la Terre & fur l'Onde
Régne une paix profonde ;
Et fous LOUIS, un Peuple de Guerriers,
Etonné de fa gloire ,
Repofe à l'ombre des lauriers ,
Dont le couronne la Victoire.

A M. H * * * pour l'engager à un souper.
En 1749.

AIMABLE H * * * qui rangez par chapitre
Un lumineux traité, d'aveugles paſſions;
Sans oſer me mêler à de ſçavans Arbitres
Qui doivent couronner vos diſſertations,
Tendre ami conſentez que nous nous empreſ-
　　ſions
D'offrir de par Comus, au lieu de vos pupîtres,
Une table amuſante, & que nous joüiſſions
Du plaiſir de vous voir agréer nos Epîtres.

AU MESME.

*En réponſe à une Lettre qu'il m'écrivit pen-
dant ſon ſejour à Bordeaux.*

En 1749.

SIRE Apollon, préparez des excuſes,
Et ne badinez plus les Muſes;
Car vous auriez affaire à neuf,
Ce qui n'eſt pas trop votre compte;

Quoi qu'au métier ne foyez neuf ;
Quoi que Citoyen d'Amathonte ,
Ceci vous foit dit en paffant.

. . . .
. . . .
. . . .
. . . .

Hé ! pourquoi charmant Voyageur ,
Habitant des bords de Garonne ,
Par certain propos qui m'étonne ,
Vouloir exciter ma rougeur ?
Je vous connois l'ame trop bonne
Pour lancer fatyre bouffonne
Contre une fidelle perfonne ,
Qui vit comme on vivoit jadis
Au fiécle heureux des Amadis.
De vingt Mufes je fuis la trace ,
Ainfi prenez forte cuiraffe ,
Retractez difcours étourdis ,
Ou vous ferez vaincus Sandis.

RECUEIL

*A MADAME DE****

En 1749.

VOUS qui réunissez les graces
Au goût exquis, qui fait fleurir les Arts,
Et dont l'amour guide les traces
Sur les pas d'Apollon qu'animent vos regards.
Divine De * * * protégez les prémices,
De cet essai pour vous plaire enfanté;
Quels plus heureux auspices
Peuvent flatter de l'immortalité!

*A MONSIEUR D****

REPONSE.

A MON tendre Berger, que sert une mu-
sette?
Même sans chien couchant il est cher à Clio,
Ce n'est pas un propos de manteuse Gazette,
J'en jure par Cypris, bouche & cœur font duo.
Pourquoi si long discours, à faire une brochure,
Mornai peut-il douter de son Alcimadure?

Couplets impromptus.

Quand Bacchus nous inspire,
Et que le cœur obtient ce qu'il desire ;
Est-il un sort plus gracieux ?
Ce bonheur est celui des Dieux.

Autre Couplet.

Je me livre à Bacchus quand l'amour m'est sé-
vere :
  Mais quand Philis céde à mes vœux,
Je néglige Bacchus sans craindre sa colere,
Et reconnois l'Amour pour le plus grand des
  Dieux.

Autre.

  Chers amis dans ce jour
  Qui doit remporter la victoire,
  Ou de Bacchus, oude l'Amour ?
Quand j'ai le verre en main, Bacchus en à la
  gloire,
Quand je vois ma Philis, l'Amour regne à son
  tour.

A MONSIEUR D***

En 1749.

REPONSE.

SI de l'amour la douce chaîne
Fait le plaifir de ton fenfible cœur ;
  Le penchant qui vers toi m'entraîne
Ne fait-il pas auffi tout mon bonheur ?
  Cette félicité doit fuffire à notre ame,
Pour être heureux enfin, aimons - nous conf-
      tament,
Et nos deux cœurs unis par une ardente flâme,
A jamais braveront le plus cruel tourment.
Banniffons les chagrins, mais fuivons la fageffe.
Sous fon divin appui, joüiffons des beaux jours.
Non. Son aufterité n'offre rien qui nous bleffe,
Elle ne profcrit point les finceres amours.
Que l'homme eft malheureux lorfqu'il eft in-
      fenfible !
Vil rebut des humains, il doit être odieux.
A de tendres ardeurs, il eft inacceffible ;
Un cœur fidele & tendre, eft un préfent des
      Dieux.

Dédicace

DÉDICACE
DU PORTE-FEUILLE RENDU.

Au mois de Mai 1749.

IL eſt rare que la Nature
Se prive des ſecours de l'art.
En moi le ſentiment murmure
De ſe voir préférer le fard ,
Qui preſque toujours défigure
Une louange ſimple & pure
Où le cœur ſeul doit avoir part.

La voix de la reconnoiſſance
Doit prendre le ton des amours ;
Au vrai ſans ceſſe ils ont recours ,
Leurs tranſports , ſont leur éloquence.
Dans le déſordre du diſcours
Même juſque dans leur ſilence
J'entends qu'ils diſent point d'atours ;
Aimez & vous plairez toujours.

B

De l'esprit le modeste usage,
Au sexe est un lot affecté :
Mais il devient trop limité,
Depuis que Moliere irrité
A par un malin badinage,
Finement ridiculisé
Des Sçavantes l'air empesé ;
Et non ce précieux partage,
Qu'en vous il auroit encensé.

Que Deshouliere m'encourage !
Les Graces, la naïveté,
Le brillant, la solidité
Entrererent dans son apanage.
Si je n'en ai point hérité,
Mon cœur n'est pas moins enchanté
De voir en vous cet avantage,
Et que vous l'ayez emporté
Sur elle encor par la beauté.

A * * * rendant hommage,
Qu'il m'est doux d'avoir emprunté
Du Pinde le flatteur langage,
Et d'avoir dit la vérité !

*A Monsieur le MARQUIS DE G****

En 1749.

QUE n'êtes-vous le Protecteur
D'un éleve de Melpoméne
Ou de quelque célebre Auteur,
D'un Horace nouveau, sur les bords de la
Seine ?
Mais je dois tout à votre cœur.
Si mes foibles talens, égaloient mon ardeur ;
J'oserois défier les Poëtes d'Athène,
Vos bontés les rendroient jaloux de mon bon-
heur.
Ah ! si vous êtes mon Mécéne,
Demander votre appui, c'est vous faire ma
Cour.
Songez qu'auprès de P * * *
On est bien payés de sa peine.
Pour répandre les dons du céleste séjour ;
Même sur un Auteur peu connu sur la scene ;
Il est beau de s'unir à la mere d'amour !

B ij

*A Madame De P****
En 1749.

Quoi ! me difoit l'Amour, ton cœur eft
      en partage
Aux ennuis aux foupirs, dans le fein du bon-
      heur !
       Quelle fombre & funefte image,
Repends fur tes plaifirs, une obfcure vapeur ?
Si tes premiers fuccès, égalent ton ardeur,
       Si pour embellir ton ouvrage
Invité par ton zéle, à dicter ton hommage,
J'ai pû te mériter l'accueil De P * * *
Un jour fi fortuné, doit briller fans nuage,
Zéphir feul doit régner, dans cette aimable
      Cour ;
Aquilons refpectez un Ciel exempt d'orage !

Je répondis hélas ! ajoute à tes bienfaits,
      Tous mes plaifirs font imparfaits.
      Loin de Vénus, un doux efpoir s'envole,
Mon cœur ne peut joüir d'une profonde paix.

Un regard de ta mere, a pour moi mille at-
   traits
      Dont nul éclat ne me confole,
C'eft ce triomphe heureux, que j'envie à ja-
   mais.
      Ma gloire ne fera complette
Que lorfqu'environné de la troupe des Ris,
Amour! tu m'offriras à tes freres chéris
      Pour m'introduire encore à fa toilette.
      Dans ce délicieux féjour,
      Mon deftin brillant me referve
D'offrir dans mon tranfport des Vers à P***
Qui fourit en Vénus, & qui juge en Minerve!

---

*A Madame D*** Niéce de M. de V***,*
lorfque le Porte feuille parut.

TRoP aimable D*** dont l'efprit, les
   talens
Ont furpaffé ton fexe, & dévancé les ans,
De ce nouvel effai daigne accepter l'hommage,
Qu'il aura de fuccès, s'il obtient fon fuffrage!

BOUQUET

*A Madame De P****

En 1749.

OUI, j'ai vu De P*** des mains de l'art
    parée ;
Mais toujours inutile, il cede à tant d'attraits.
J'ai vû les Jeux, les Ris couronner Cithérée,
Tous les Dieux de sa Fête ordonnoient les
    apprêts.

Pour les mieux enflammer, Amour du haut
    des nuës ;
Au feu de ses beaux yeux allumoit son flam-
    beau ;
Sans cesse à ses côtés les Graces assidues,
Mêlent à ses appas, quelque charme nou-
    veau.

Lorsqu'au gré des Zéphirs flotte sa chevelure,
Comme Flore elle enchante, & se fait admirer,

L'art de jaloux ose-t-il se joindre à sa parure ?
Son air majestueux sçait se faire adorer.

Heureux qui, par ses chants, célebre l'immor-
      telle !
Muses ! consacrés-lui vos plus tendres accens !
Chaque aurore présage une fête nouvelle.
Vous lui devez offrir tous les jours votre en-
      cens.

B iiij

A MADAME

*LA DUCHESSE DE LA V****

En 1749.

MADAME,

Rêvant hier à ma fenêtre, j'eus, je crois, une diſtraction de Poëte.

Si c'eſt un ſonge il eſt charmant !
Dans un char orné galamment,
Dont j'admirois la liante ſoupleſſe,
Leſte équigage de Ducheſſe,
Sur le pavé tiré rapidement.
Je vis Hébé, ſéduiſante Déeſſe ;
Je reconnus l'éclat de la jeuneſſe ;
Oui, c'étoit elle aſſûrément.
Mais je crus voir auſſi la beauté qu'au Permeſſe
On peint voluptueuſement
Sur un nuage d'or, conduiſant mollement

Ses deux oiseaux chéris, symbole de tendresse.
Dieux ! quel fut mon étonnement !
De deux riants objets, lequel en ce moment
Dût le céder pour la délicatesse ?
Hélas ! un peu plus de paresse
Au lieu de faire mon tourment ;
Devoit à mes regards, qui vous cherchent sans
cesse,
Vous montrer plus tranquillement !
Mais vous étiez Hébé qui vole & qui s'em-
presse,
Falloit-il par tant de vîtesse
Me dérober mon rêve, il étoit si charmant ?

Le sujet de mes Vers, seroit-il une énigme
pour vous, Madame ? J'en serois inconsolable.
Je crus vous voir, je crus que vous m'honoriez
de vos regards ; vous passâtes avec tant de
rapidité, que je ne pus par aucuns signes res-
pectueux, vous prouver ma joie. Vous ani-
mâtes ma verve, elle vous devoit un hommage, puisse-t-il être agréé !

A MONSIEUR B***

En 1749.

OSEROIS-je gentil B***
Ne forgeant des Vers qu'au hasard,
Attaquer un Maître de l'Art ?
Non, l'entreprise est trop hardie ;
Voulant attraper le renard,
Je serois prise au traquenard,
Et l'on riroit de ma folie.
Mais ne croyez qu'on vous oublie
Faute d'une Epître jolie.
Dûssai-je être un autre Ronsard,
Vous en aurez la Comédie,
J'en veux passer ma fantaisie.
Je connois votre courtoisie,
Le Sexe est un peu babillard,
Et rîmer est sa frénesie.
Il réussira tôt ou tard,
Si vous secondez son envie.
Car de vous à la femme Auteur,
Quoique grande soit la distance,

Il est un rapport enchanteur,
Qui doit bien la flater, je pense.
Quand votre pinceau séducteur
Sçait allier à la justesse
Cette rare délicatesse
Que vous puisez dans notre cœur ;
C'est un vol adroit que vous faites,
Et que vous pouvez remplacer.
Daignez donc nous rendre parfaites
Dans l'art que sçavez nous tracer.
Hé ! quoi ? Pourriez-vous balancer ?
C'est l'Amour qui vient vous presser.
Ce Dieu sçut inspirer Ovide ;
Et lorsque vous serez mon guide ,
Corinne pourra l'effacer.

A MADAME DE P***

En 1749.

O TOI ! qui sçait nous peindre avec des
    traits de flamme,
Les tendres mouvemens, les vifs transports
    de l'ame,
Present des Immortels aussi rare que doux,
Art séduisant des Vers, j'ignore tes dégoûts.
Non. Ne m'arrête plus craintive Deshouliere,
Pour chanter P***, j'entre dans la carriere,
Et m'expose aux dangers d'un talent enchan-
    teur.
Que dois-je redouter ? J'ai pour guide mon
    cœur ?
Qu'on ne me cite plus de tragiques disgraces ;
J'ai les Dieux pour appui quand je chante les
    graces.
Si Boileau moins sévere eut loué la beauté,
Se fut-il plaint des fers d'un art trop limité ?
Ah ! qu'un Vers qu'en ses mains, il trouvoit
    trop aride,

Seroit sorti brillant des mains du Dieu d'O-
    vide !
Si de nos jours sa muse, eut célébré l'Amour ;
La Rime à sa pensée eut offert P * * *
L'infortuné Rousseau , victime de l'Envie ;
Auroit vû de son fort P * *.* attendrie ,
D'un vallon trop ingrat faire un riant séjour ;
Qu'il eut alors chéri, les Muses, & leur Cour !
Illustres mécontens, changés donc de langage ;
Pour moi dont ses bontés enflamment le cou-
    rage ;
Quoi que j'ignore encor, téméraire en mes
    vœux ,
La route qui conduit à ce Mont si fameux
Où vous allez chercher ce Dieu qui vous ins-
    pire ;
Je vous laisse implorer le Maître de la Lyre ;
P * * * le remplace, elle fait mon bonheur ,
Dans le feu de ses yeux j'ai puisé mon ardeur !

COUPLETS

POUR MADAME D***

En 1749.

AIR. *De Joconde.*

I. CHANT.

QUOI! peut-on manquer de sujets
Quand on est chez Thalie ?
Dieux ! que d'agréables projets,
Elle offre à mon génie.
Si d'un couplet pour m'exercer
Je cherche la mesure,
Denis, ton nom vient s'y placer
Des mains de la Nature.

II.

Non, pour louer tant de talens
L'art n'est pas nécessaire,
Que m'importent ces traits brillans ;

Parler de toi, c'est plaire.
Clio qui me dicte au hasard,
Craindroit d'être asservie,
Mes Vers seroient enfans de l'art,
Tu leur donne la vie.

A Monsieur H****

En 1749.

JUGEZ, Seigneur, si votre Muse
Loin de vous reste un peu camuse,
Quand vous ignorez l'heureux jour,
Le moment ou la semaine,
Où vous guérirez la migraine
Qu'une absence trop inhumaine
Nous doit causer jusqu'au retour
Du Dieu des Vers cachés sous les traits de
    l'Amour.
Sçachez que la métamorphose
Qui s'y bien pour vous nous dispose,
Nous fait exiger aujourd'hui
Un prompt remede à notre ennui.
Venez paroître en Esculape,

On fçaura reconnoître un Dieu vif & char-
mant ;
Que ne peut-on fous ce déguifement
Lier habilement
Les aîles d'un Dieu qui s'échappe ?

Voilà d'affez mauvais Vers. Il faut avoir
une furieufe envie de rimer, pour fe livrer à
cette rage en dépit du bon fens, & pour n'être
pas retenu par le fage précepte de Moliere.
Heureufement que pour l'honneur de nous
deux, je puis de votre part compter fur un
fecret que je ne trahirai fûrement pas. Mais
en Vers ainfi qu'en Profe, permettez qu'on
puiffe vous parler demain à votre logis, où je
ne manquerai pas de me rendre ; & difpofez
les chofes de façon, que le Temple me foit
ouvert, afin que votre Portier, pire que Cer-
bere, ou que le Dragon, gardien des tréfors
d'Hefpérus, ne me réduife pas à la néceffité
d'avoir recours à quelque expédient magique.

'A MADAI

A MADAME DE P***

En 1749.

QUOI ! ces heureux transports de notre
    ame attendrie ,
Cette reconnoissance ignorée & chérie ;
Ce rare sentiment prix flatteur des bienfaits !
Seroit-il dans les cœurs , étouffé pour jamais ?
Serions-nous en effet, nés pour l'ingratitude ;
Où tous ceux qui de l'homme ont fait la triste
    étude ,
De nos foibles vertus, trop séveres Censeurs ;
A travers leurs chagrins ont-ils lû nos erreurs ?
P*** qu'il est beau de calmer leur murmure !
Aux dons que votre main nous verse sans me-
    sure ,
Vous sçavez réunir tant d'art & tant d'appas,
Qu'en dépit de l'orgueil on ne voit plus d'in-
    grats.
Oui, la Rochefoucaut dans ses sombres maxi-
    mes

C

Eut cessé d'imputer aux humains tant de cri-
      mes,
S'il eut vû quelle grace embellit vos présens,
Et combien ils ont faits de cœurs reconnois-
      sans.
Souvent aux demi - Dieux manque cet art su-
      prême,
Cet art d'offrir, plus cher, que le bienfait lui-
      même.
Mais la Divinité, qui m'admet à sa Cour,
P * * * à jamais est sûre du retour.
Par son cœur, par les Dieux, tour-à-tour ins-
      pirée,
Elle est, & par devoir, & par goût adorée.

A MADAME

*LA DUCHESSE DE LAV****

Dédicace des Caprices du Sort.

Au mois de Janvier 1750.

QUoi ! ma muse tremblante est forcée à
    se taire,
    Quand sa gloire est de vous louer !
    Mais malgré votre ordre sévere,
Je vois à vos genoux l'amour prêt d'avouer
Que Psiché fut moins belle & moins digne de
    plaire.
Pardonnez à ce Dieu, s'il ose se joüer
D'une loi trop injuste, & de votre colere.
Apollon plus soumis, renonce au droit flat-
    teur
    De peindre votre air enchanteur ;
Espérer le reduire à garder le silence
    Sur votre esprit sur votre cœur,
    C'est trop user de violence,
             C ij

Lui ravirez-vous ſon bonheur ?
L'art ſéduiſant du Maître de la lyre
Doit faire agréer ſes tranſports.
Pourriez - vous condamner le zele qui m'inſ-
    pire ,
S'il daignoit quelque jour ſeconder mes ef-
    forts ?
Ah ! quand ce zele heureux comme un trait
    de lumiere ,
Sous ma plume, à mon gré, pourra-t-il enfan-
    ter ,
Un tribut délicat, digne de la V * * *
Et qu'Apollon jaloux, puiſſe me diſputer ?

*A Madame du B****

Qui m'avoit fait l'honneur de m'envoyer ses
Oeuvres.

En 1750.

AU siécle des Métamorphoses,
Amour & ses freres chéris
Par les sons d'Ovide attendris,
S'assembloient sur des lits de roses,
Pour juger ses galans écrits.
Mais ce Sénat où présidoient les Ris,
Sembloit avoir perdu son crédit en notre âge;
Vous l'avez fait revivre aimable du B * * *
        Et par plus d'un charmant ouvrage.

Tandis que des Auteurs par la dispute aigris,
Font d'un doux Tribunal, un triste Aréopage,
        Les Amours de vous ont appris
A rentrer dans leurs droits. Agrées leur hom-
        mage.
Réunissant au Pinde, & Minerve & Cypris,
Adjugez tour-à-tour, & recevez le prix.
        C iij

MAXIME

A MADAME DE M***

En Juillet 1750.

DU Dieu qu'on adore à Cithére,
Écoutez les tendres accens.
Libres de foins & fans myftere,
Aimez, offrez-lui votre encens.
Guidez par fa plus douce ivreffe,
Amufez-vous dans vos beaux ans.
Rendre tendreffe pour tendreffe,
D'amour c'eft mériter le prix ;
Et partager l'encens qu'on préfente à Cypris.

*A Monsieur l'Abbé d'E****

En Juillet 1750.

TOut est en pleurs à la Cour de Ci-
thére,
Ne seroit-elle plus l'empire de l'Amour ?
Il vient, dit-on, d'échapper à sa Mere,
Et de ses propres traits, se blesser à son tour.
Sur les pas de Philis, je le vois qui s'empresse,
Et Vénus à bon droit peut bien s'en allarmer.
Graces, vous la suivez sans cesse.
Ah ! trop heureux qui peut s'en faire aimer !
L'Amour, ce petit Dieu folet,
Lui jure à demi-bas, une flamme immortelle,
Et pour mieux attraper la Belle,
Se masque d'un petit colet.

FRAGMENT D'UNE LETTRE
écrite au mois de Juillet 1750.

Où sont ces jours où la pure innocence
 Habitoit sous un humble toît ?
On ignoroit, hélas ! l'injuste préférence,
 Qui trop souvent éclipsant le bon droit,
Unit au crime heureux, une fiere arrogance.
Ce n'étoit point en vain qu'on engageoit sa foi,
 Au tems heureux de la simple innocence,
  Où l'équité dictoit la loi.
  L'envie à la langue fatale
  Ne portoit point jusqu'aux Autels
Les cris injurieux de la noire cabale.
  Dignes & vertueux Mortels,
En respectant les Dieux, vous révériez leur
  culte ;
 Par la sagesse, au-dessus des grandeurs,
Vous goûtiez le plaisir d'être unis par les
  mœurs,
Et d'un siécle de fer, ne craigniez point d'in-
  sulte ;
Vous jouissiez en paix des bienfaits immortels !

COUPLET

*POUR MADAME DE L****

AIMABLE sans fierté,
L * * * sçait avec dignité
Imposer & nous plaire
Seroit-on téméraire
En chantant ses divins appas ?
Là bien chanter est mon seul embarras.

A LA MESME.

AIR. *De tous les Capucins du monde.*

L * * * pour célébrer vos charmes
A qui tout doit rendre les armes ,
Suffit-il de mon chalumeau ,
Vous que suivent par-tout les Graces ?
De l'Amour fidéle tableau ,
Ris & Jeux volent sur vos traces.

COUPLETS

*Pour Mademoiselle de L****

Un jour de Nôce à Bagneux.

L'Air noté à la fin.

LE Dieu qu'on adore à Cithére,
L*** choisit un autre Cour.
De Vénus bravant la colere,
Près de vous il fait son séjour.
Mais l'himen jaloux de sa gloire
Sur vous veut régner à son tour.
Ils vont remporter la victoire.
Si vous les payez de retour.

De l'adorable Vicomtesse ,
Remplissez les justes desirs.
Le tendre Amour pour vous s'empresse ,
Pourquoi refuser ses plaisirs ?
Est-il un plus aimable empire
Que celui d'himen & d'amour ?

Tout jufqu'à l'air qu'on y refpire
Doit vous enflammer en ce jour.

---

*Sur mon départ de Bagneux au mois d'Octo-
bre 1750.*

AIR. *De Joconde.*

SOus les loix de la liberté,
Chez L *** tout enchante;
Tout y reffent la volupté,
L'Hôteffe eft raviffante.
Peut-on quitter ce beau féjour
Sans répandre des larmes?
Il eft l'afyle de l'amour,
L *** en a les charmes.

REPONSE à un couplet dont l'Auteur croyoit être inconnu.

Octobre 1750.

L'AIR noté à la fin.

ON reconnoît à votre stile
Le ton d'un discours trop flatteur.
Votre muse vive & facile
Ne sçauroit tromper notre cœur.
Ce talent divin dont les charmes
Fait valoir chacun à son tour ,
Nous fait à tous rendre les armes ,
Comment vous payer de retour ?

STANCES IRRÉGULIERES.

Au mois d'Octobre 1750.

JOUET des caprices du sort,
Victime de son inconstance ,
Le tendre amour m'offroit un port ;
Devois-je redouter encor son influence ?

Les ris & les jeux innocens
Chaque jour par lui renaiſſans
Faiſoient le bonheur de ma vie.
Tant de félicité réveille enfin l'envie.

Ce monſtre affreux dans ſa fureur
Va ſemer en tous lieux ſon trouble & ſon hor-
reur.
Je bravois tous ſes coups, & dans un fier ſi-
lence ;
Je t'adorois Tircis, j'étois ſûr de ton cœur,
Eſt-il de plus douce vengeance ?
Tout eſt évanoui !.... Oh ! ſonge trop flateur !

Que ſont - ils devenus ces jours remplis de
charmes ;
Ces jours ſi beaux ou ſans craindre d'allarmes,
Sans ſoins ambitieux, ſource de grands revers,
Sous les loix de Tircis, j'oubliois l'univers ?

Hélas ! le ſort inexorable
Me fait ſouffrir un tourment rigoureux !
Non, il n'eſt point de miſérable
Que mon deſtin ne fit trouver heureux.

Livrée à la douleur, tout excite mes larmes;
　　Et du sommeil ne goûtant plus les charmes,
　　J'abhorre le jour qui me luit,
Et tout est pour mon cœur une profonde nuit!

Quoi! verra-t-on toujours triompher l'artifice,
Et périr l'innocent sans espoir de justice?
　　　Est-il un terme à mon malheur?
De ton courroux, ô ciel! suspend donc la ri-
　　gueur!

　　　J'ai vû le crime & l'impudence
Etouffer les remords, écraser l'innocence;
Lancer par-tout leurs traits, & verser leur
　　poison;
Se faire un jeu cruel d'abuser la raison,
Et d'insulter enfin par de honteuses brigues,
La vertu trop timide en proie à leurs intrigues!

COUPLETS

*POUR MADAME B****

Le jour de sa Fête le 15 Octobre 1750.

L'AIR noté à la fin.

THERESE, on voit en vous les graces
Dont Vénus embellit sa Cour.
Les plaisirs naissent sur vos traces ;
Nous les partageons tour-à-tour.
Ces beaux lieux ornés de vos charmes,
Font un agréable séjour.
On sent dissiper les allarmes ,
Qu'inspire ailleurs le Dieu d'amour.

Vos yeux par ce tendre langage
Enchaîneroient le Dieu d'amour.
THERESE , en vous rendant hommage,
Peut-il espérer du retour ?
Pour vous il quitteroit Cithére,
Et fixeroit ici sa Cour :
Mais ce n'est pas assez de plaire ,
Il faut aimer à votre tour.

COUPLETS

POUR SON ALTESSE SÉRENISSIME,

*MADAME LA DUCHESSE DU M****

A l'occafion de fon heureufe convalefcence.

Au mois d'Octobre 1750.

AIR. *Mon Inftrument.*

DANS ce beau jour,
Loin de nous la trifteffe :
Chantons du M * * * & fon retour.
Livrons nos cœurs à l'allegreffe,
Qu'avec ardeur chacun s'empreffe
De la célébrer tour-à-tour.
   Habitans de Bagneux
      Tous vos jeux
      Sur l'herbette ,
   Et le fon de la mufette
      De vos vœux
   Sont l'interprete.

L'AIR

L'A I R *noté* à la fin.

Chacun dans ce beau jour de fête
S'unit pour chanter sous l'ormeau ;
Et Clio pour du M * * * apprête
Haut-bois, musette & chalumeau.
Les Dieux vous rendant la lumiere,
Du M * * * ont écoutés nos vœux.
L'Amour vient ouvrir la carriere
Où ce vont célébrer nos jeux.

A I R. *Au bord d'un clair ruisseau.*

PREMIER COUPLET.

Tout changé dans ces lieux,
En revoyant du M * * *
Et la Parque inhumaine
Craint le courroux des Dieux.
Minerve toute en pleurs,
D'un arrêt qu'on déteste,
Suspend le coup funeste
Qui combloit nos malheurs.

D

II.

A peine en mon printems,
Dit la jeune Climéne,
Les vertus de du M * * *
Son esprit, ses talens
Allumoient dans mon cœur
Ce feu divin qu'inspire
Le maître de la lyre
Du bon goût protecteur.

III.

Par de foibles accens,
Si ma verve timide,
Dans l'ardeur qui me guide,
Vient t'offrir son encens ;
Seconde mes efforts,
Mon zele est mon excuse ;
Pour te chanter ma muse
Ne suit que ses transports.

A MADAME DE * * *

Le 22 Novembre 1750.

QUELS fons touchans ! la plus vive
     allégreſſe
S'empare des eſprits , & ſe peint dans les yeux.
     On ſe précipite on s'empreſſe ,
     Enfin tout annonce l'ivreſſe
     Du plus charmant des Dieux.
Quitteroit-il Aphos pour habiter ces lieux ?
     De Citoyens une foule éperdue
     Vole & leurs cris percent la nue.
     Bien-tôt j'entends nommer l'Amour ,
Inquiéte, j'avance , & je vois P * * *
P * * * à moi ſeule , hélas ! inacceſſible ,
Ignore mes ennuis, ils la rendroient ſenſible !
O ciel ! en ce moment, tout accroît mon mal-
     heur ;
     Un trait cruel vient déchirer mon cœur,
     Et retracer à ma mémoire
Ce tems où P . . . faiſoit tout mon bonheur,
     Et mes beaux jours couronnés par la gloire ;
               D ij

Ce souvenir ne peut qu'exciter ma douleur !
Paris, tes habitans, heureux par sa présence,
Lui doivent pour le prix d'une insigne faveur,
    La plus vive reconnoissance
    Dont le modéle est dans mon cœur.
Que sur lui ses bienfaits ont acquis de puis-
    sance !
    Oui, malgré mes cruels Tyrans
    Dont la rage & l'envie
    Ont sçut troubler le repos de ma vie,
Je dois à P * * * un légitime encens !
    Dut en frémir l'injuste jalousie,
    Je craindrois peu la frénesie
    Si P * * * approuvoit mes transports,
Et d'un signe léger animoit mes efforts.
    Pour la chanter ma Muse
    M'inspireroit de doux accords.
    Alecton ! en vain tu t'amuse
    De mes soupirs de mes tourmens ;
Je brave ta fureur, & ton affreux délire ;
Rentre au fond de l'Erébe, & sur les sombres
    bords
Où les Dieux ont fixé tes droits & ton empire.
Va, fuis, & loin de nous fais sifler tes serpens.

Ton régne est limité, dans ce jour il expire !
Hélas ! je crois toucher au terme trop heureux
Qui peut tarir mes pleurs & m'égaler aux
    Dieux.
O douce illusion d'une ame qui s'abuse !
L'ardeur de mes desirs doit me servir d'excuse !

---

*A Madame la Baronne de P****

Le 3 Décembre 1750.

CETTE Dame travaille actuellement un
Poëme sur l'Amour d'Adonis. Elle m'a fait
l'honneur de me le communiquer. Il seroit à
souhaiter qu'elle voulut donner cet Ouvrage
au Public. On y verroit la peinture du sentiment le plus délicat, & qui caractérise si bien
son esprit & son cœur. Chérie comme elle
l'est des Muses, pourroit-elle refuser d'en aug-
menter le nombre ?

    Cessez mes yeux de répandre des pleurs.
Le destin se déclare, il finit mes malheurs.

Soumife à fes décrets, fouffrant avec conftance,
Du fort le plus affreux, j'éprouvois la rigueur,
Mes Tyrans l'emportoient, tout jufqu'à mon
   filence ;
   De ces cruels, excitoit la fureur.
Mais la tendre P * * * vient effuyer mes lar-
   mes ,
Sufpendre mes foupirs, & fon cœur généreux,
Senfible à mes tourmens fait ceffer mes allar-
   mes.
Ah ! fa bonté s'étend fur tous les malheureux !
Aimable de P * * *, quand j'obtiens ton fuf-
   frage,
Je te dois à jamais un légitime hommage.
   La vérité dictera mes accens ,
   Sans cet appui notre inutile encens,
Ne pourroit que bleffer l'auftérité du Sage.
   Par plus d'un droit tu régnes fur les cœurs,
Ta beauté les enchaînent , & tes moindres fa-
   veurs,
T'affûrent pour toujours un fouverain empire.
   Tes fons touchans,& qu'Apollon t'infpire,
Loin d'irriter l'envie excite nos tranfports.
   Et le Dieu du tendre délire

Devoit par de nouveaux efforts ,
T'égalant à Pſiché , ou te rendre moins belle,
Ou te faiſant ſur ſon modele
T'aſſûrer l'immortalité.
Par tes galans écrits , acheve ton Ouvrage ,
Et l'Amour d'Adonis à la poſtérité ,
Sera pour nos neveux le plus précieux gage,
De ton aimable eſprit , de tes divins talens.
Charmante de P ***, c'eſt un rare aſſemblage,
De voir tant de vertus , avec tant d'agrémens.
Par le feu de tes yeux , on te croit Cithérée,
Par ta noble candeur , on te prend pour Aſ-
trée.

A MADAME LA MARQUISE D***
Comtesse de B * * *

Le 5 Décembre 1750.

POur te chanter D***, le zele qui m'inf-
pire,
Intéreffe le Dieu maître des doux tranfports.
Il vient pour m'animer par fes divins accords,
Il veut régler mes fons fur la célefte lyre.
Mais mon fenfible cœur fçaura mieux qu'A-
pollon,
Touché de tes bontés, rompre enfin ce filence,
Qui te feroit douter de ma reconnoiffance.
Ce tendre fentiment devroit fur l'Hélicon,
Et dans nos cœurs avoir la préférence ;
Mais près de toi DAGUT, il tient lieu d'élo-
quence.
Hélas ! tu me foutins, au comble des mal-
heurs !
Tu fçus fouler aux pieds des poifons féduc-
teurs.

Lorſque la voix de l'injuſtice ,
En triomphant de mes triſtes revers ,
Eloignoit l'amitié ſeule dans l'Univers.
Tu vins me ſecourir , aux bords du précipice
Où me plongeoit un affreux déſeſpoir.
En éclairant mon cœur, tu me rendis l'eſpoir !
Tes ſolides conſeils dictés par la ſageſſe ,
Ranimerent mes ſens au fort de ma détreſſe.
Adorable D * * *, pour prix de tes bienfaits,
Qui ſont gravés dans mon cœur pour jamais.
Je te dois chaque jour un tribut, un hommage.
Puiſſent mes foibles Vers à la poſtérité ,
Apprendre tes vertus, & prouver l'avantage,
Qu'obtient ſur tous les cœurs l'aimable vé-
rité.

SUR LA MORT DE MON PERE.

Le 13 Novembre 1749.

O Mystere profond ! Divine Providence ;
Qui te ris des projets des fragiles humains !
O toi ! sacré témoin de leur fausse prudence !
Daigne étendre sur moi tes secourables mains !
Vois l'excès de mes maux , & finis mes allar-
　　　mes !
N'accable pas , mon Dieu , tes enfans crimi-
　　　nels !
Grand Dieu ! Dieu tout-puissant, qui vois cou-
　　　ler mes larmes !
Serois-je condamnée à des pleurs éternels ?
　　　Tu me vois tremblante, éperdue !
　　　Un pere expirant à ma vûe !
　　　Un pere objet de tous mes vœux
　　　Est près de l'instant malheureux ,
　　　Qui va terminer sa carriére ,
Et lui ravir des Cieux l'éclatante lumiere !
　　　Hélas ! rends mon pere à mes vœux !
　　　Qui croi en toi devient heureux.

Mon Dieu, j'adore ta puissance,
Et j'attends tout de ta clémence !
Quand tu le veux, tu parles & la mort fuit,
Et tu fais un beau jour de la plus triste nuit.
Mon pere expire ! . . . . O Ciel inexorable !
N'ai-je donc pu fléchir ton courroux implaca-
    ble ?
Mais, où m'emporte une coupable erreur ?
Que ta grace, ô mon Dieu ! descende dans
    mon cœur !
Ah ! si ma fermeté cede au coup qui me tue !
    Par ce revers fatal si je suis abattue,
    Fais désormais que soumise à ta loi,
    Et que mettant mon espérance en toi,
        Je puisse enfin me rendre digne
        Des bienfaits de ta grace insigne.
        Dieu d'Israël ! je me soumets,
    Je me resigne enfin à tes divins Décrets.
    Reçois, mon Dieu, ce triste sacrifice !
    Tu me punis & tu te fais justice.

COUPLETS

*Que je fis à un souper chez MADAME LA MARQUISE D****

Le 10 Décembre 1750.

I.

AIR. *L'autre jour étant assis.*

CE repas délicieux
Offre un plaisir délectable ;
Si Comus quitte les Cieux,
Ce séjour est préférable.
DAGUT y réunit
Et l'Olympe & Cithére ;
Près d'elle on réussit
Par le desir de plaire.

POUR MADAME LA VICOMTESSE DE Q***

Même AIR.

QUE la tendre Aménité,
Sous vos traits est séduisante.

De L***, votre bonté
Nous ravit & nous enchante.
Vous comblez nos defirs,
L'Amour en eft le gage,
De nos plus doux plaifirs,
On vous doit un hommage.

*POUR MADAME LA BARONNE DE P****

Même AIR.

QUAND on a tous vos talens,
Et les graces en partage,
De P*** tant d'agrémens
Sont d'un inutile ufage.
Vous régnez fur des cœurs,
Enchantés de leurs chaînes.
Et vos moindres faveurs
Payent trop bien leurs peines.

POUR MADAME DE St. L***

AIR. *De la Romance nouvelle d'Ismene & d'Hilas.*

UNE aimable Préfidente,
Sous les traits du tendre amour.
En rempliffant notre attente,
Vient embellir ce féjour.
  Amour !
  Amour !
Rends ma mufe plus touchante,
Pour la chanter à fon tour.

POUR MADEMOISELLE DE L***

L'AIR *précédent.*

LA fageffe quoiqu'auftére
Peut s'unir avec l'amour.
Une ardeur tendre & fincere
Mérite un jufte retour.
  Amour !
  Amour !
Par tes foins tu dois lui plaire,
Et t'enflammer en ce jour.

J'avois fait un couplet pour une jeune De-
moiselle, lorsqu'on voulut l'écrire, je ne pus
m'en ressouvenir, & je le remplaçai par celui
qui suit :

AIR. *De tous les Capucins du monde.*

APPRENDS divine Enchanteresse ,
Qu'Amour, qui pour toi s'intéresse ,
Jaloux de mes justes efforts ,
Veut effacer de ta mémoire ,
Un doux tribut & des transports
Dont il se reserve la gloire.

POUR MONSIEUR L'ABBÉ DE B***

L'AIR *précédent.*

J'IMPLORE l'appui de Minerve ,
Sans elle ma trop foible verve
Ne pourroit Abbé de B * * *
Chanter vos nombreuses conquêtes.
On doit faire bien plus de cas
De qui fait l'ornement des fêtes.

POUR M. DE LA B*** MEDECIN.

Le même AIR.

DOCTEUR en l'Ile de Cithére,
Vous prîtes le Bonnet pour plaire.
L'amour qui vous soumet les cœurs,
Devoit en vous donnant Licence,
Ménager un peu des faveurs,
Dont il sçauroit la conséquence.

POUR M. LE COMTE DE S*** DE M*** *qui se plaignoit de n'avoir point de couplet, & qui en demandoit un.*

AIR. *De Joconde.*

TOI qui sçait commender à l'art,
Prête-moi ton génie.
Sans ce secours divin S***
Ah ! ce seroit folie.
Quand on connoît tous les talens
On garde le silence.
Si je ne t'offre point d'encens
Ce n'est que par prudence.

REPONSE

REPONSE à des Vers que M. le Comte de S * * * m'envoya le lendemain de ce souper.

FAVORI d'Apollon, lorsque ce Dieu t'insi-
     pire,
   Tu sçais répondre à ses faveurs.
   On l'applaudit, & l'on t'admire,
  Il te chérit, tu regnes sur les cœurs.
Le Dieu dont les Autels sont encensés à
     GNIDE;
Prépare tes lauriers, veut te servir de guide,
Ton triomphe est le sien, & tes divins accords
Secondant ses desirs, vont assûrer ta gloire.
Poursuis aimable Comte, & bientôt tes efforts,
Te mettront près d'Ovide au Temple de mé-
     moire.

E

C O U P L E T S

*Faits à souper chez Madame la Comtesse de M * * * le 13 Novembre.*

L'Air *noté* à la fin.

CEs lieux charmans où tout enchante,
Offrent à nos cœurs mille plaisirs.
Les graces & la beauté touchante,
Fixent l'amour & les desirs.
Si l'aimable Dieu de Cithére,
M * * * suit tes pas.
En voulant chercher à te plaire,
Il rend hommage à tes appas.

I I.

Quand le volage Amant de Flore,
Sur tant d'Autels porta ses vœux ;
Et quand Céphale avec l'Aurore,
Refusa d'éteindre ses feux.
M * * * ton sourire
Eut soumis cet indifférent,

Et le premier fous ton empire
Auroit toujours été conftant.

***

CAPRICE.

Du 15 Décembre 1750.

L'Ambition n'a point d'appas
Pour une ame amoureufe.
Ifménie en adorant Hilas ,
Se croyoit trop heureufe.
Et fi fon cœur portoit aux Cieux ,
Quelques foupirs , & quelques vœux ;
Ils étoient tous donnés à la tendreffe ,
Et non à l'aveugle Déeffe.
En aimant bien, craint-on l'adverfité ?
Le tendre Hilas juroit fans ceffe
Qu'Ifménie fuffifoit à fa félicité.
Les Dieux jaloux d'une flamme fi belle
En ont altérés les douceurs.
Ifméne , Hélas ! votre ardeur immortelle
Etonne moins que vos malheurs.
Sur votre deftin déplorable ,

L'amour verſe des pleurs.
D'un arrêt implacable ,
Lui ſeul peut changer les rigueurs.
Ce Dieu fléchi par tes douleurs ,
Senſible à ta conſtance ,
Iſméne adoucira ton ſort.
Une tendre perſéverance
Conduit toujours au port.

C A P R I C E

Du 18 Décembre 1750.

PAR les plus doux plaiſirs
Ignorés des cœurs inſenſibles ,
Et ſous les loix des aimables deſirs.
Riants Amours, dans ces reduits paiſibles,
Enchaînent Flore & les Zéphirs.
Folâtre badinage ,
Regne toujours ſur ce rivage.
Amantes vos faveurs
N'éteignent point des flammes ;
Cheres au tendre Amant qui captive vos ames.

On n'y voit point d'infidelles ardeurs,
Isméne sçait aimer avec constance ;
Sans se plaindre, Licas, chérit sa dépendance.
Du sort on n'y voit point de funestes ravages ;
Et la fortune aveugle en ses bienfaits,
De leur bonheur, ne trouble point la paix.
Etrangere en ces lieux, & sans former d'orages ;
La noire jalousie est proscrite à jamais.
Amour de ce charmant empire
Inconnu des cœurs inconstans ,
Eloigne les ennuis , & l'ame qui soupire,
Ne rompt jamais la foi de ses sermens.

FRAGMENT

D'une Lettre écrite à un de mes Oncles le 27 Décembre 1750.

POUR un oncle chéri , si j'ose au double mont
Me frayer une route, & franchir la barriere.
Puissant Maître des Vers, dois-je craindre un affront ?

Le sentiment me guide, il veut dans la car-
      riere,
Et diriger mes pas, & couronner mon front.
Seconde son ardeur d'un trait de ta lumiere,
Et daignes me prêter tes célestes crayons.
Protége mes efforts, & bientôt mes chansons,
      Vont sur l'arêne obtenir la victoire;
Et cueillant des lauriers, je t'en devrai la
      gloire.
Quoi! me dit Apollon, pour peindre un doux
      transport,
      Tu veux que j'en regle l'accord?
Le sentiment suffit lorsqu'il inspire.
      Lui seul doit t'animer,
      T'apprendre à t'exprimer.
      Son aimable délire,
      A des droits sur le cœur.
      Ne crains point du Censeur
      Un affligeant murmure;
      Et mon art enchanteur
Cede toujours au ton de la Nature.
      Le Dieu se tait, si je suis téméraire
D'offrir à tes vertus un si naïf encens.
Si la tendre amitié dirige mes accens,

Ceux que dicte le cœur, pourroient-ils te dé-
plaire ?

. . . .

. . . .

. . . .

. . . .

COUPLET IMPROMPTU

*Pour Madame la Marquise de L*** qui
me demandoit un Vers, une Rime en
sa faveur.*

AIR. *De tous les Capucins.*

S'IL ne te falloit qu'une rime
Pour prouver l'ardeur qui m'anime ;
L * * * pour toi mon Apollon
Voleroit t'offrir son hommage ,
Je braverois tout l'Hélicon ,
Si tu m'accordois ton suffrage.

*A Madame la Baronne de P****
en lui offrant pour étrennes le Tableau
d'un Chasseur.

Le 1 Janvier 1751.

LE tendre enfant qu'on adore à Cithére,
Vint me trouver, me sçachant débonnaire,
    Il me tint ce plaisant propos.
    Peut-être il pourra te déplaire,
Mais l'imprudent le disoit aux échos,
    Ainsi tu lui dois ta colere,
    Et non à moi dont les desirs
    Sont de toujours te plaire ;
Ce sentiment fait mes plus doux plaisirs :
Car te voir & t'aimer, est une même affaire.
    Apprends enfin, le fait dont il s'agit,
    Et ce qu'Amour pour toi m'a dit.
    Que l'aimable P * * * m'enchante !
Ma mere a moins d'appas, elle est moins sé-
    duisante ;
    P * * * brille de mille attraits,
Et cependant, elle brave mes traits.

Permets, dit-il, une folie,
Qui peut couronner mon ardeur,
Et faire à jamais mon bonheur.
J'ai compté fur ta courtoifie....
Je voulus repliquer, tant j'étois étourdie
D'un fi nouveau début, & je tremblois de
  peur.
Arrête, dit le Dieu ; voici ma fantaifie.
Chez toi je vois certain Chaffeur,
Qui peut fervir à notre Comédie,
Et me rendre bientôt vainqueur.
J'animerai cette peinture,
Et travefti fous fa figure,
J'attirerai de doux regards.
Je faifirai l'inftant propice ;
J'aurai raifon du vain caprice
Qui lui fait fuir mes étendarts,
Et voilà tout mon artifice.
En ce premier de l'an
Où chaque Courtifan
Vient préfenter un gage
Du zele qui l'engage.
Pour aider mon projet, & finir mon tourment,
Que ce Tableau foit ton hommage.

Je te réponds que ton préfent
De la Baronne obtiendra le fuffrage.
J'applaudis au deffein promis de le fervir:
Mais preffé d'accourir,
Le frippon oublia le feul point néceffaire,
Pour femme qui ne peut fe taire ;
C'étoit de m'ordonner de l'en faire un myftere.
Ne dois-je pas pour t'en punir ?
En le fervant t'en avertir ?

A MADAME

*LA DUCHESSE DE C****

Le 7 Janvier 1751.

O DÉESSE des Arts ! secondez mes efforts,
J'implore votre appui du zele qui me presse,
C*** en est l'objet ; déja par vos accords
    Aimables Nymphes du Permesse,
Vous animés mes chants, & couronnés mes
      vœux !
Ses solides vertus sont par vous révérées.
Emule des beaux Arts, au sein des ris, des
      jeux,
Elle tient, & Thémis, & Minerve enchaînées,
    Muse ! dont le soin précieux
     Transmet à la race future
    Les noms des Héros, & des Dieux,
Donne à mes chants une juste mesure.
    Daigne me prêter tes couleurs,
    Je sens le prix de tes faveurs.
De C*** t'intéresse, au Temple de mémoire.

Son nom déja gravé doit suffire à ta gloire.

Calliope à son tour, lui prodigua ses dons ;

Et l'Astrolabe en main, la sçavante Uranie,

Descend du Pinde, & veut par ses leçons,

Tracer à son heureux génie,

D'un astre bienfaisant, le cours & les saisons,

Et des monstres divers, l'étonnante harmonie.

Faite pour les amours

De C * * * sçait unir, à peine en son aurore,

Le plus profond sçavoir aux charmes du discours.

Son aimable enjouement des graces qu'elle
ignore,

La font régner sur tous les cœurs.

De C * * * cet empire

Est préférable aux plus brillans honneurs ;

Le mérite l'obtient, on ne peut le détruire,

Nous lui devons un légitime encens.

Si dans le sein de ta patrie

Il put blesser ta modestie,

Et te rendre suspect nos doux empressemens ;

Tu parts & loin de ces rivages,

Sous un ciel étranger,

L'amour des Bretons fut l'ôtage

De la fincérité de nos juftes hommages.
Par leurs tranfports ils ont fçu nous venger.
Chez eux ton nom volera d'âge en âge,
Et leurs derniers neveux à la poftérité,
Feront paffer ce trait dans leur hiftoire ;
Ce trait qu'à peine on pourra croire.
C * * * à l'agrément joignit la dignité,
Protégea les talens , perça la nuit obfcure
Qui dérobe à nos yeux les folides vertus,
Et les fecrets de la nature.
Sous fes pieds furent abattus,
L'orgueil au front altier, & l'affreufe injuftice ;
De la fauffe grandeur démafqua l'artifice ;
Et par mille bienfaits , & des foins généreux,
Surpaffa les mortels , en imitant les Dieux.

EPITHALAME

*Pour le Mariage de Monsieur le Comte de
S*** de M****

Avec Mademoiselle L*** de V***

Le 13 Janvier 1751.

SI Mars épris, brûla pour Cithérée;
Et si dans les transports d'un tendre égare-
ment,
L'amante de Céphale aux yeux de l'Empirée,
Offrit ce Dieu, vaincu par un enfant.
Mars en fureur rougit de sa foiblesse,
Et pour autoriser l'excès de sa tendresse :
Amour, dit-il, si j'ai subit tes loix,
Accours & viens venger tes droits;
Tu dois partager ma disgrace,
Il est un prix pour mériter ta grace.
Lance tes traits sur un Guerrier
Dont la valeur & le courage,
Dans le plus beau des ans, à la fleur de son âge
Déja ceint de plus d'un laurier,

Fuyant les doux loifirs d'une indigne molleffe,
Méprife tes douceurs , & fous mes étendarts,
    Méconnoiffant ta voix enchantereffe ,
Ne goûte de bonheur qu'au milieu des hafards.
Qu'il foit vaincu, foumis, cette illuftre victoire
      Ne peut qu'exciter ton ardeur ;
      Sa défaite importe à ma gloire.
Sers mes deffeins , fi tu crains ma fureur.
     Le tendre Amour vole à Cithére ,
     Et pénétré de fa douleur ,
     Son feul appui n'eft qu'en fa mere.
Déeffe , lui dit-il , connoiffez mon malheur.
Où trouver un Héros , comme Mars redouta-
   ble ?
Où chercher la beauté digne de l'enflammer ?
     Hélas ! cet ordre irrévocable
     Glace mon cœur , me fait trembler !
Mais la tendre Vénus , diffippe les allarmes ,
     D'un Dieu qui nous les fait fentir.
Mon fils , lui dit Cypris , hâte-toi de partir ,
     Et dans ces lieux remplis de charmes,
     Dont la Seine arrofe les bords ,
     Bientôt tu vaincras fans efforts.
     Pour toi le deftin fe déclare ,

De l'avenir dévoile les fecrets;
Et ton triomphe fe prépare ,
Il eft marqué dans fes divins décrets.
L'Amour part & d'un vol rapide ,
Plus prompt que les éclairs ,
Parcours l'immenfité des airs.
Il fuit le deftin qui le guide ,
Et dans Lutece il fixe fes regards ,
Sur ces bords fortunés, où la Seine tranquille ;
Embellit par fes eaux le fomptueux afyle ;
Où fous LOUIS, préfident les beaux Arts.
Mais quels nouveaux objets viennent frapper
fa vûe ?
Anne, par fa douceur, & fa grace ingénue ;
Fait naître mille ardeurs ;
L'Amour la voit , & lui-même en foupire,
En elle un aimable fourire
Eft mis au rang des plus douces faveurs.
Armand iffu du fang des Dieux ,
Eft rempli d'une noble audace ;
Il égale déja fes illuftres Ayeux.
Dans les faftes brillans, le fort marque fa place ;
Au plus beau de fes jours , dans l'âge des plai-
firs ,

Son

Son cœur à la vertu, confacre fes defirs.
Ce couple heureux, & digne de fe plaire.
Amour ! va donc fubir ta loi ?
Quoi ! le trait eft lancé ! Quel triomphe pour
toi !
On l'applaudit du féjour du tonnerre.
Mais l'himen approuvant leurs feux,
Veut partager ta gloire ;
Et s'il prétends ferrer tes nœuds,
Par cet accord il orne ta victoire.
Heureux Epoux ! foyez toujours Amans,
Et que les nœuds d'une chaîne fi belle,
Puiffent braver, & le fort & les tems ;
Et du bonheur être un parfait modéle.

F

COUPLETS

SUR LE MESME SUJET.

AIR. *Au bord d'un clair ruisseau.*

I.

COUPLE heureux & charmant ;
Tout en vous intéresse,
La beauté, la sagesse
S'unit au sentiment.
Puissent les ris, les jeux ,
En faisant vos délices ,
Etre toujours propices
Aux moindres de vos vœux.

II.

Amour ! charmant Amour !
Viens embraser leurs ames ,
Et redoubler leurs flammes ,
Sois vainqueur en ce jour.

Soumis à ton pouvoir,
L'Himen cherche à te plaire,
Quand la raison t'éclaire,
Tu comble notre espoir.

L'A i r *noté* à la fin.

I.

De fleurs, faisons une couronne,
Unissons le mirthe au laurier ;
C'est Mars qui le veut & l'ordonne.
Amis, célébrons ce Guerrier.
S * * * ta brillante conquête
T'offre un bonheur digne des Dieux ;
Et pour embellir cette Fête,
Comus pour toi descend des Cieux.

I I.

A la plus aimable folie,
Dans ce beau jour livrons nos cœurs ;
De l'austere Philosophie
Bannissons les sombres erreurs.
Bacchus & le Dieu d'Himénée,

Doivent feuls régner en ces lieux ;
L'Amour en veut garder l'entrée,
Eft-il un deftin plus heureux ?

III.

D'Hébé chez vous on voit les Graces,
Sa fraîcheur & fon enjouement.
Toujours on verra fur vos traces
Le Dieu du tendre fentiment.
Et dans cette agréable orgie,
Ce jus pétillant & moufleux,
Eft préférable à l'ambrofie
Qu'Hébé jadis offroit aux Dieux,

COUPLETS

*Faits à souper chez MADAME LA MARQUISE
D*** le 6 Janvier 1751.*

POUR MADAME LA PRINCESSE DE H***

AIR. *Des Billets doux.*

NON, pour de frivoles attraits,
Je n'importunerai jamais
    Le Maître de la Lyre.
Mais pour célébrer le talent,
Rendre hommage au discernement.
    Ah ! quelle ardeur m'inspire ?

II.

Grande Princesse, en ce beau jour,
Daignez permettre qu'à son tour
    Ma Muse vous admire.
Tant de bonté, de sentimens,
Et de dignité, d'agrémens
    Font aimer votre empire.

I I I.

Ah ! trop heureuse mille fois ;
Si les sons de ma foible voix
　　Avoient l'art de vous plaire :
Que je chérirois les neuf Sœurs,
Que je briguerois leurs faveurs
　　Sûr d'un si doux salaire.

*Pour Monsieur le Prince de H****

Air. *Ton humeur est Cathérine.*

AU Prince le plus aimable ;
Ah ! si j'offre mon encens,
Pourroit-il être agréable
Sans art & sans ornemens ?
Non, je serois téméraire
D'oser chanter un Héros
Que Mars protege & révere
Et qu'on chérit à Paphos.

*Pour Monsieur le Comte de S****

L'Air *précédent.*

Peut-on douter que ma muse
Ne fit son plus doux bonheur,
D'offrir au Comte de S * * *
Un tribut qui fut vainqueur ?
Mais l'Amour veut sur l'arêne
Lui seul chanter ses exploits ;
Malgré l'excès de ma peine,
Je lui dois céder ses droits.

*Pour Monsieur le Marquis de B****

Air. *Des Billets doux.*

Pour vous aimable B * * *
Je voudrois sur le double mont,
En dépit de l'envie,
Voler la lyre d'Apollon,
Et subjuguer tout l'Hélicon,
Ce seroit ma folie.

F iiij

POUR MONSIEUR LE MARQUIS DE V***

AIR. *Des Billets doux.*

AVEC cette aimable douceur;
Avec ce maintien séducteur,
   Vous pouvez nous surprendre.
Et si l'on vous cede en ce jour,
C'est que l'on vous prend pour l'amour,
   On ne peut s'en défendre.

A MADAME

*LA PRINCESSE DE H****

Le 18 Janvier 1751.

OUI, ce seroit en vain, je ne sçaurois me
    taire,
Malgré tous mes efforts, il est un doux pen-
    chant,
    Qui me séduit, & me rends téméraire.
PRINCESSE, à vos bontés, à cet accueil tou-
    chant,
    Dont vous daignez encourager ma verve,
A ces traits généreux, on reconnoît Minerve.
Hélas ! qui comme moi, n'en feroit enchanté !
Un seul de vos regards fait ma félicité.
Ah ! soyez donc l'appui de ma sensible muse !
Pardonnez ses transports, l'excès de son bon-
    heur
    Fait tout son crime, & déja son excuse
    Se trouve écrite au fond de votre cœur.

Mais quel affreux ennui ! D'où naiffent mes
    allarmes ?
    Ah ! je frémis ! Qui fait couler mes larmes ?
PRINCESSE vous partez ! Les Dieux étoient
    jaloux ;
Et toujours mon bonheur excite leurs cour-
    roux.
Devoient-ils me punir de l'éclat de ma gloire ?
Elle étoit leur ouvrage, & malgré leur rigueur,
Un tendre fouvenir, bien cher à ma mémoire,
Adoucira mes maux , & brave leur fureur.
L'aimable Urbanité qui fait votre apanage ,
Vous foumet. tous les cœurs ; recevez leur
    hommage.
Favorite des Arts , Emule des Vertus,
Votre augufte naiffance eft un bien fuperflus.

POUR MADAME DE L***

COUPLET.

L*** que votre air enchante,
Votre Epoux est trop heureux.
Vénus est moins séduisante,
Et fait naître moins de feux.
L'Amour servira d'ôtage,
Qu'il céderoit son carquois
Pour un si doux esclavage,
Et pour vivre sous vos loix.

COUPLET

Du 24 Janvier 1751.

L'AIR *noté* à la fin.

LOIN du tendre Berger qu'on aime,
Est-il, hélas ! de doux momens ?
Grands Dieux ! dans ce malheur extrême
On souffre mille affreux tourmens !

On s'inquiéte, l'on defire ;
La folitude a des appas :
Au fein des plaifirs on foupire,
En eft-il pour moi fans Licas ?

I I.

De la conftante tourterelle,
Rien ne peut éteindre les feux,
Et lorfque la Parque cruelle
Enleve l'objet de fes vœux.
Jufqu'au tombeau toujours fidéle,
L'écho répete fes accens.
Ma flamme eft de même immortelle,
Et brave la mort & les tems.

COUPLETS

*Pour Monsieur D*** M*** D*** C****

Le premier Février 1751.

AIR. *Pour passer doucement la vie.*

QUE ton sort est digne d'envie,
Car ton aimable Madelon,
De M * ** t'aime à la folie,
Et ta donné son cœur, dit-on.

Par-tout j'entends la renommée
Chanter sa beauté, sa douceur:
On la compare à Cithérée;
Elle a son sourire enchanteur.

En obtenant la préférence,
Mérite que ta Madelon
T'accorde enfin la préférence,
Qui fut le prix de la Toison.

Tu connois la délicateſſe,
Tu ſens le prix d'une faveur,
L'aimable objet qui s'intéreſſe,
Toujours doit régner ſur ton cœur.

Mais en aimant avec conſtance,
Il faut cacher qu'on eſt heureux.
L'Amour exige le ſilence,
C'eſt un enfant myſtérieux.

*POUR MONSIEUR D****

Du 2 Février 1751.

Sur un AIR *du Prologue du Carnàval du Parnaſſe.*

SILVANDRE,
Mon cher Silvandre,
Oui, malgré les jaloux,
Contente
Quand je te chante,
Eſt-il bonheur plus doux ?

Les tendres amours,
Dont l'aimable attrait nous enchante,
Font nos plus beaux jours,
Et je t'adorerai toujours.

Silvandre,
Mon cher Silvandre, &c.

Faisons ton portrait,
C'est le soin d'une tendre Amante,
Faisons ton portrait,
Il est dans mon cœur trait pour trait.

Silvandre,
Mon cher Silvandre, &c.

Que Silvandre est beau,
Il nous ravit, il nous enchante,
Que Silvandre est beau,
Il fait l'ornement du hameau.

Silvandre,
Mon cher Silvandre, &c.

Son regard est doux;
Amour! que sa voix est touchante!
Son regard est doux,
Il plaît également à tous.

Silvandre,
Mon cher Silvandre, &c.

Fait

Fait pour l'amitié,
La sienne est toujours agissante,
Fait pour l'amitié,
Il joint & douceur & bonté.

Silvandre,
Mon cher Silvandre, &c.

Avec de l'esprit,
Il a l'humeur toujours charmante ;
Et lorsqu'il sourit,
Qu'aisément il nous attendrit.

Silvandre,
Mon cher Silvandre, &c.

Fut-il inconstant,
Je lui jure une ardeur constante :
Fut-il inconstant,
J'aimerai jusqu'au monument.

Silvandre,
Mon cher Silvandre, &c.

G

Quand on aime bien :
Grands Dieux ! qu'on devient éloquente !
Quand on aime bien,
Dépit, fureurs, on ne craint rien.

Silvandre,
Mon cher Silvandre,
Oui, malgré les jaloux,
Contente
Quand je te chante,
Est-il un bonheur plus doux ?

COUPLET

POUR MONSIEUR LE MARQUIS DE S***

Dû 1 Mars 1751.

AIR. *Les doux plaisirs.*

LEs ris, les jeux quittent pour toi Cithére,
Charmant de S * * * ils volent fur tes pas.
Oui, chez toi feul ils trouvent mille appas.
Leurs plus doux vœux font de toujours te
  plaire.
Tu dois régner au-delà du trépas.

POUR MONSIEUR D*** M*** D*** C***

Le 7 Février 1751.

PÉNÉTRÉ de mes maux, ils te rendent fen-
  fible.
Tu me préviens, Damon, au fein des déplaifirs :
A la tendre pitié, ton cœur eft acceffible ;
Loin de fe rebuter de mes triftes foupirs !
Dans des tems plus heureux, où mon ame
  contente,
Goûtoit un doux repos, une foule d'Amis,
Ainfi que toi m'offroient une amitié conftante.
O Ciel ! (c'eft fur eux feuls que je pleure &
  gémis !)
Le fort me perfécute, & bientôt il m'accable :
Tout fuit, tout m'abandonne au comble du
  malheur ;
Du plus cruel deftin, on me rends refponfable,
On raifonne, on m'accufe, & l'on craint ma
  douleur.

Quand on est malheureux on est toujours cou-
    pable !
Respectable Damon, ami trop généreux,
Dans ce siécle pervers, hélas ! devois-tu naître ?
Peut-il sentir le prix d'un cœur si vertueux ?
Fuyez lâches amis, & sçachez vous connoître !
Fades adulateurs, au milieu des plaisirs !
Vos offres, vos sermens n'ont rien que de fri-
    vole ;
Votre encens prodigué pour vous me fait rou-
    gir !
Amis de la fortune elle étoit votre idole.
Heureuse adversité ! tu vins m'ouvrir les yeux.
Sans toi, sans mes revers, dans un état tran-
    quille,
Une foule d'ingrats trompoient mon cœur fa-
    cile.
Précieuses leçons ! J'en rends graces aux
    Dieux ;
Que toujours à ce prix la fortune me joue,
Je chérirai ses coups, j'envierai ses malheurs.
Hé ! qu'a d'affreux pour moi ton inconstante
    roue !
Il me reste un ami, je brave tes rigueurs !

POUR MONSIEUR D***

AIR. *Les doux plaisirs, &c.*

ECHO réponds à nos tendres musettes,
Sur ton retour signalons nos efforts.
Tout applaudit Licas à mes accords
Un nouveau jour embellit ses retraites,
Et les oiseaux partagent mes transports.

COUPLETS

*Pour Monsieur de M***D*** C****

AIR. *Pour passer la vie doucement.*

M*** le Dieu de la Marotte,
Bien moins que toi paroît charmant,
Et digne enfant de la Calotte,
Tu sçais en faire l'ornement.

AU MESME.

AIR. *L'autre jour étant assis.*

POUR te chanter de M**
Il faut être trop peu sage,
Comment célébrer un fou ?
J'en ignore le langage ;
Soit dit sans t'offenser,
Car par ce ton aimable,
Oui, tu sçais nous blesser,
On te trouve adorable.

LE BOSQUET.
CANTATILLE.

En 1751.

Non, ce n'est qu'en ces lieux,
Qu'on peut espérer d'être heureux
Sous cet ombrage un doux zéphire,
Par un souffle amoureux,
Emaille les gazons, & le cœur qui soupire
Sent rallumer ses feux.
Dans ces charmans boccages,
L'écho repette les ramages,
De mille oiseaux divers,
Qui s'unissent aux concerts
De nos tendres musettes ;
L'Amour lui-même embellit ces retraites ;
Et ces Bosquets sont toujours verds.

Ici sur la naissante herbete,
On voit Tircis près de Lisette,

Avec son chalumeau, lui peindre ses transports.
Lisette s'attendrit à de si doux accords,
En vain son cœur hésite, il est prêt à se rendre.
Non, quand on aime bien, on ne peut s'en
        défendre.
        Bientôt Tircis devient heureux.
        Ah ! qu'un bosquet est dangereux !
        Evitez l'ombre & le silence,
Jeunes beautés, si vous craignez l'Amour,
        Ce Dieu dans un sombre détour,
Sçait triompher de votre résistance.
Quand un Berger sçait se faire écouter,
        Peut-on disputer la victoire ?
        En vain on voudroit l'éviter,
L'Amour hâte l'instant qui couronne sa gloire.

L'AMOUR MALHEUREUX.

CANTATILLE.

En 1751.

UN silence profond regne dans ces forêts,
Des hôtes de ces bois rien ne trouble paix ;
     Et les oiseaux par leur ramage,
     Ne m'offrent que l'image
     D'un heureux & constant amour ;
Leurs transports sont payés du plus tendre re-
     tour.
     Moi seule, hélas ! pour un Amant volage,
Je gémis en ces lieux d'un cruel esclavage !

Reviens, disoit Philis, reviens trop cher Amant ;
     Accours, viens essuyer mes larmes ;
Viens me faire oublier que tu fus inconstant.
     Que ce retour auroit pour moi de charmes ?
Licas, je t'adorois ! je reçus des sermens !
Vole, Amour vole, & peins-lui mes tourmens.

Triomphe de l'ingrat , remporte la victoire ;
Je te devrai mon bonheur & ma gloire.

C'eſt ainſi que Philis aux échos de ces bois,
Se plaignoit tendrement du Berger qu'elle
 adore ,
En repetant les accens de ſa voix ,
Ils rallumoient ſes feux , les redoubloient en-
 core.

 L'amour n'offre que fleurs ,
 Près de vous il ſoupire ,
 Ses ſoins ſont enchanteurs :
Eſt-il un plus aimable empire ?
Ah ! redoutez ſes traits , ils ſont trop dange-
 reux ,
Un inſtant de plaiſir fait naître mille peines :
 Dès qu'un Berger devient heureux ,
 Il rompt bientôt ſes chaînes.

F I N.

HIstoire Civile de Naples, traduite de l'Italien de P. Giannone, *in-*4°. 4 vol. à la Haye 1742.

——————— Universelle, depuis le commencement du Monde jusqu'à présent, traduit de l'Anglois, d'une Société de Gens de Lettre *in-*4°. 12 vol. Amsterdam.

——————— Litteraire de la France, *in-*4°. 9 vol.

Dictionnaire de Bayle, 5 vol. *in-fol.*

——————— la Martiniere, 6 vol. *in-fol.*

——————— de Moreri, 10 vol. *in-fol.*

——————— Economique, 4 vol. *in-fol.*

Le Droit Commun de la France par Bourgeon, 2 vol. *in-fol.*

Les Arrêts de Louet, 2 vol. *in-fol.*

Oeuvres de Despeisses, 3 vol. *in-fol.*

Essais de Lock sur l'Entendement humain 1 vol. *in-*4°.

Essais sur les Feux d'Artifice, P. Mr. D... O. P. fig. 8°. 1 vol.

Publii Terentii, 1 vol. *in-*4°. Amst.

Avanture de Telemaque, 2 vol. *in-*4°.

Le Parfait Cocher, 1 vol. *in*-12.
Les Caufes Celebres, *in*-12. 20 vol.

Poëtes de Coutelier.

Virgilii Maronis, Opera, *in*-12. 3 vol. fig.
Catule, Tibule &
    Profper,   1 vol. *in*-12.
Horace,   1 vol. *in*-12. Papier fin &
Juvenal,   1 vol. *in*-12. d'Hollande.
Lucrece,   1 vol. *in*-12.
Phedre,   1 vol. *in*-12.
Recueil de Contes, contenant la Fontaine,
    Bocace, Marguerite de Valois, & les Cent
    Nouvelles, 8 petits vol. *in*-12.
La Henriade de Voltaire, P. *in*-12. 2 vol.
Les Oeuvres de Boileau, nouvelle édition,
    3 vol. P. *in*-12.
———— Raimond de S. Marc, *in*-12. 2 vol.
———— Rouffeau, P. *in*-12. 4 vol.
———— Racine, P. *in*-12. 3 vol.
———— Crebillon, P. *in*-12. 3 vol.
———— Campiftron, *in*-12. 3 vol.
———— Moliere, P. *in*-12. 8 vol.
———— de Vergier, *in*-12. 3 vol.
———— d'Amilton, P. *in*-12. 6 vol.
———— Chaulieu, P. *in*-12. 2 vol.
———— Regnier, P. *in*-12. 2 vol.

———— Deshouliere, P. *in*-12. 2 vol.
———— Pavillon, P. *in*-12. 2 vol.
———— Voltaire, *in*-12. 6 vol.
Fable de la Fontaine, 2 vol. *in*-12.
Conte, *du même*, 2 vol. *in*-12.
Le Sopha, Conte Moral, 2 vol. fig. nouvelle
    Edition.
Le Cousin de Mahomet, 2 vol. fig. nouvelle
    édition.
Mémoire de Verforand, 6 vol. *in*-12.
Le moyen d'être heureux, 2 vol. *in*-12.
Les Mémoires de Montgon, 6 vol. *in*-12.
Eloge de la Folie, nouvelle édit. *in*-4°. enri-
    chie de nouvelles fig.
Idem, in-12. fig. jolie édit.
Rezeda, Ouvrage orné d'une Poste-face, 2
    vol. *in*-12.
Observation sur l'Esprit des Loix, par M.
    l'Abbé D. L. P.
Examen Critique de l'Esprit des Loix.

PAge 8 au 7e Vers, de tous les bouquets que le pourrois me faire, *lisez*, de tous les bouquets que tu pourrois, &c.

Page 18 au 3e Vers, mais il devient trop limité, *lisez*, mais il devint trop limité, &c.

Page 21 le dernier Vers, s'il obtient son suffrage, *lisez*, s'il obtient ton suffrage, &c.

Page 22 le premier Vers, Oui, j'ai vû de P*** *lisez*, Oui, j'ai vû P * * *

Page 52 au 12e Vers, je craindrois peu la frénesie, *lisez*, je craindrois peu sa frénesie.

Page 58 le dernier Vers, qui croi en toi, &c. *lisez*, qui croit en toi, &c.

Page 62 dernier Vers, & t'enflammer en ce jour, *lisez*, & l'enflammer en ce jour.

Page 67 au 5e Vers, Ismenie en adorant Hilas, &c. *lisez*, Ismene, pendant tout le cours de cette piece.

Page 74 au 7e Vers, c'étoit de m'ordonner de l'en faire un mystere, *lisez*, c'étoit de m'ordonner de t'en faire un mystere.

Le Vers suivant, ne dois-je pas pour t'en punir, *lisez*, ne dois-je pas pour l'en punir, &c.

Page 94 le 3e Vers du premier couplet, l'aimable objet qui s'intéresse, *lisez*, l'aimable objet qui t'intéresse, &c.

www.ingramcontent.com/pod-product-compliance
Lightning Source LLC
LaVergne TN
LVHW021725170726
843503LV00004B/1422